Poemas Brancos

Um livro direito

por Renato Ribeiro

Índice3

Prefácio

Olhar no espelho não é só uma forma de se observar, enxergar-se no mundo. O espelho é também uma alegoria importante de toda a essência do universo. Do outro lado do espelho, onde tudo se inverte, o direito vira esquerdo e a realidade, vista através do reflexo da sua própria luz, não passa de uma grande ilusão.

Quando tu e o teu reflexo se encontram, é que podes ver teu ego e teu eu, frente a frente, cara a cara. Mas esse todo que engloba a ti e a tua própria imagem, segue indissociável e, ao mesmo tempo, imiscível em ti: a certeza e a dúvida, a luz e a treva, o bem e o mal, o alto e o baixo...

Este livro é o outro lado do espelho da minha obra anterior, "Poemas Negros: um livro esquerdo", a outra face da mesma moeda. Aqui reina o dedo direito, em riste, a dizer: "solve", o manto branco a cobrir o espaço e emanar em si todas as cores.

Se a obra anterior foi um peso que carreguei para talhar cada história, cada verso, cada palavra; esta é a leveza que me transportou de um ponto límpido a outro do meu próprio ser e me conectou com energias mais elevadas, as quais sequer me considero merecedor de ter contatado.

Por isso, entra sem medo e aproveita a jornada. Que as palavras aqui deixadas tenham o poder de te elevar tanto quanto me elevaram ao passar por minha mente e escorrerem pelos meus dedos. Que possas ver ainda mais além e que te seja permitido transitar pelo labirinto das minhas ideias e encontrar cada significado em cada significante, absorvendo a essência e o intento dos meus versos: tudo o que eu quis dizer e o que foi dito através de mim.

Rio de Janeiro, 05/05/2022

A porta branca

Nos idos dos anos oitenta,

Tive uma experiência fantástica,

Quando meu pai alugou uma casa

E a família para lá se mudou.

Eu meu pai, minha mãe, meu avô

Éramos só alegria.

A casa era bem grande,

Com um jardim bem florido

Que esbanjava um colorido

Que nunca se imaginou.

E nos sentávamos à mesa,

Conversando sobre coisas boas.

Passávamos tardes a toa,

Discutindo sutilezas:

Como éramos felizes!

Eu, como filho único,

E menino muito tímido,

Tinha em meu velho avô

O meu melhor e fiel amigo.

Ele contava suas histórias

Dos tempos da segunda guerra.

Falava das namoradas

E de como amou minha avó.

Eu contava fantasias,

Histórias de astronautas,

De heróis, caubóis e piratas

Da minha imaginação.

Meu pai trabalhava muito,

Minha mãe sempre ocupada

Com os afazeres da casa:

Eles muito me amavam,

Mas o tempo os escravizava.

Só à mesa conversávamos.

Um dia meu velho amigo

Quedou-se muito doente

E acamou-se, de repente.

Era a idade, ele dizia,

Tudo na vida é um ciclo

E o meu está se cumprindo.

Ouvindo isso eu chorava

E ele, erguia o braço,

afagava meus cabelos,

E enxugava meus olhos vermelhos.

Meu pai já se adiantava,

Convencia minha mãe pelos cantos,

Dizendo que se preparasse

E que fosse muito forte.

Minha mãe chorava calada,

Em silêncio e cabisbaixa:

O pai que lhe fora tudo

E passava esse infortúnio...

Um dia vovô teve febre,

Uma daquelas bem fortes

Que na manhã seguinte

Se foi, mas lhe deixou mais fraco.

Então quando fui vê-lo

Como fazia à manhã,

Disse-me que, naquela noite,

Se abrira uma porta branca

Bem em frente à sua cama

Onde havia uma parede.

De lá viu sair seus amigos

Dos tempos de escola e de guerra,

Seus pais e irmãos também vieram

E vovó, linda e esplendorosa,

Jovem e perfumada,

Chegou à beira da sua cama

E disse que se preparasse,
Pois em curto espaço de tempo
Ele cruzaria a porta.

Enquanto falava, apontava
Aquela parede vazia
E me insistiu com o dedo
Dizendo: "Não vê? Está ali,
Bem na sua frente, não vê?
Ali está a porta branca"!

Eu, que nada ali via,
Apenas parede vazia,
Não querendo contrariá-lo,
Diante de seu frágil estado,
Confirmei o que não havia.

E assim, dia após dia,
Eu ia ao quarto do vovô.
E ele contava as conversas
E os encontros que vivia
Com tantos amigos queridos
Que vinham da porta branca

Durante a noite que passara.

Eu fingia ver a porta
E ouvia muito atento
O que cria ser devaneios
Do vovô ao fim da vida.

Uma noite ocorreu, porém,
Que acordei cheio de sede
E fui buscar copo d'água.

No caminho ouvi vovô
Numa conversa animada
Com vozes que eu não conhecia.

Cheguei bem de mansinho,
Olhei pela fechadura
E seu quarto estava claro
Como a luz do meio-dia.

Vovô se quedava deitado
Com pessoas ao seu lado,
Sorria de orelha a orelha

E aconchegava a cabeça

Ao colo de uma senhora

Enquanto uma jovem moça

Lhe acariciava os cabelos.

A senhora se levantou,

Estendeu a mão a vovô

E ele pegou a mão dela.

Na hora virou um menino,

De uns quatro ou cinco anos,

Ganhou um abraço apertado,

Subiu no seu colo agarrado

E todos andaram pra frente ,

Na direção da parede

Que estava fora de minha vista.

Então o clarão se apagou.

Entrei no quarto assustado,

Em tempo de olhar a parede

E ver que havia a porta branca

Que esmaecia e sumia.

Aquela foi a última noite

Que vi meu vovô nessa terra.

Eu nunca chorei sua partida,

Diante daquele sorriso

Que vi estampado no rosto

Daquele pequeno menino.

Persona

Quem realmente és?
Quantas faces e facetas?
Certas horas és vilão,
Noutras, herói sagrado.

Quando falas com ternura,
Guardas dentro do teu peito
Todas as palavras duras
Que expunhas sem pudor
Antes de te encher de amor.

De onde é esse olhar desinibido
Que sufoca a timidez
Da tua alma e disfarça
A vontade de guardar-te?

Mil em um é o que és.
Alguns dias tens a paz
Do próprio Cristo na alma,
Noutros 'stá em carne viva
E até o espelho incomoda.

Em tudo o que tem e que fazem

Esses mil em um, um em mil,

Importa que não te percas

Nos recantos de ti mesmo.

E, sabendo por onde vão,

Todos vós, dentro de ti,

Que também não se apaixone

Por tudo o que todos são,

Pois não pode a areia

Querer ser mais que o deserto,

Nem o míope tomar o mundo

Pelo que só vê de perto.

És tanto e tantos, nem sabes,

Dos quantos que ainda cabem,

Nesse pequeno universo

Que és dentro dessa casca.

Mas todos, tudo, o infinito

Que transborda no teu grito,

São sombras numa penumbra

Que um dia se apagará.

Por isso, vai devagar.

Arahant

Era mais um dia brahmico

De um tempo que se perdeu,

Quando houve uma conversa

Entre o Ego e o Eu:

O Ego batia no peito,

Transbordando arrogância,

Se gabando para o Eu,

Em busca de relevância:

"Tudo que você vê,

Daqui aonde chega a vista,

É de minha propriedade,

Fruto da minha conquista."

E o Eu, achando graça,

Apenas argumentou:

"Tudo o que você vê

É o tudo do nada que sou."

Amizade

Eu, que andava num deserto enorme

Com uma quenga d'água

Pra matar minha sede,

Vi uma muda triste, quase morta,

Ressequida ao sol

(Pai de toda cor,

Por vezes bem cruel).

A minha sede ficou de orelha em pé,

Ao ver o que eu me propunha a fazer:

A boca seca a recusar o deleite

De molhar seus dentes

Pra ajudar outro ser.

E aquelas gotas inundaram as portas

Da segunda chance

Desse broto no chão

Que, de repente, irrompeu-se, enorme,

Bem na minha frente:

Verde erupção.

E a grande árvore me cumprimentou,

Com sua copa, como um grande chapéu.

E, em gratidão, me fez enorme sombra,

Onde eu me deitava

Pra admirar o céu.

Dia de festa

É com muita alegria
Que chega e contagia
O cigano em festa.

Vem, acende a fogueira
E entra na roda
Que a hora é esta.

Tem rabeca, viola,
Pandeiro de fita
E também castanhola.

E a gente se agita
Com a moça bonita
Com brincos de argola.

Riqueza da família,
Amizade sincera
E o futuro nas mãos:

Chega o povo cigano

Trazendo a firmeza,

A riqueza e a canção.

Quem tem fé nessa gente

Tem riso no dente

E nunca está sozinho.

Muito ouro na estrada,

Toda iluminada,

É aberto o caminho.

Então chega dançando,

Que a gente celebra

E abre mais um vinho!

Com meu povo cigano

Eu nunca me engano,

Aqui vai meu carinho.

Terceto crístico

O maior poder sobre o planeta Terra,

Sublime e perfeito em qualquer viés,

Rei dos reis que conquistou sem guerras,

Deu-me seu sangue e lavou meus pés.

Regozijo

É como o ar mais puro refrescando o peito

A plenos pulmões,

Como a água doce enchendo a boca seca,

Como um banho fresco num dia de calor

Ou, numa noite fria, um bom cobertor.

Como um olho a lacrimejar de alegria,

Um sorriso tão grande,

Que os lábios vão se encontrar na nuca,

Um peito aberto a tudo que é bom.

Como flutuar sobre os campos e mares,

Como conhecer todos os bons lugares

E dar um rasante entre flores e rios.

É como ver a paz plena na Terra,

O fim da fome em uma nova era,

Ser um pequeno Deus por um milissegundo,

Emergir por um divino mistério profundo.

É como ver as cores se multiplicarem,

Romper o espaço-tempo para outro plano

E, numa euforia de sentir-se pleno,

Com muito mais em si que poderia haver:

Guardar o mar inteiro num copo pequeno.

Terceto búdico

De tanto olhar pra fora, pôde olhar pra dentro,

Pegou nas mãos as rédeas do seu livramento

Quedou-se em um oasis, em um Epicentro

Da fórmula de amar e curar sofrimentos.

O jardim das dormideiras

Amanhece.

O sol escorrega lentamente pela minha janela,

Entra em meu quarto,

Se arrasta em minha cama,

Cheio de preguiça,

Vem pelos meus pés,

Pernas, costas, ombro

E clareia minha pestana, dizendo:

"Bom dia"!

E lá vou eu para mais um dia.

Levanto a cabeça em grande esforço,

Deito de lado, sento na cama,

Coloco uma perna de cada vez para o lado de fora.

Seguro a bengala para erguer a tonelada de ossos que trago em
meu corpo.

Agora ando lentamente,

Jogando um pé de cada vez,

Com muita paciência percorro a diária maratona para fazer
minhas necessidades.

São dias difíceis...

É que estou num ponto da vida

Em que já não faço planos para o próximo ano,

Na verdade, nem para o próximo mês.

O mais longe que vou no futuro é na semana que vem,

Planejando no que vou comprar

Na tarefa hercúlea de sair na rua.

É que já sou muito velho,

Meu relógio está quase pifando,

Os ponteiros começam a implorar o descanso de quem já
trabalhou demais.

Minha vida tem sido dura,

Fui casado com meu grande amor,

Tivemos um filho lindo...

Ela já se foi e aqui estou,

Meu garoto cresceu, casou-se

Foi viver sua vida.

Sempre que pode vem me visitar,

Se preocupa demais comigo,

Vive me convidando para morar com ele,

Mas eu sei o peso que eu seria em sua vida,

Então prefiro que ele navegue leve pelo seu destino:

Eu o amo demais para lhe dar trabalho.

Aqui, sozinho, em minhas reflexões,

Percebo meus erros e acertos,

Sei o quanto fui feliz,

Sinto todo amor que meus pais me deram e que pude derramar
em meu filho,

Sinto toda a dor de ter perdido minha esposa,

De ter de caminhar sozinho por esse trecho escuro da vida,

Mas estou pronto,

Estou calmo,

Não quero que sintam pena de mim.

Já vivi tanto que olhar pra trás é um alento

E olhando para trás vejo nossa família,

Vivendo de um jeito que, já para aquele tempo, não era normal.

Naquelas décadas, em que todos olhavam para si,

Acreditavam em mentiras palatáveis,

Perdiam-se nas paixões mais lascivas e tolas,

Cercavam-se de futilidades, num imenso vazio mental,

Nos vivíamos a realidade da família unida, cheia de amor,

Com seus defeitos, claro,

Mas, livres de nós mesmos.

Nos apoiávamos, uns aos outros,

Como um castelo de cartas,

Aos trancos e barrancos,

Enfrentando a barra de viver uma coesão entre tantos
individualistas.

Ah, que simplicidade fantástica,

Rotina maravilhosa,

Dias-a-dias incríveis!

Nosso menino beirava os três aninhos

E aproveitávamos os fins de semana...

Nosso único objetivo era ver sua felicidade.

Minha linda esposa trabalhava tanto...

Eu nunca soube se ela era feliz de verdade,

Parecia sempre muito cansada,

Sempre com pressa,

Com pressa demais para ser feliz,

Para viver a vida,

Sentir aqueles momentos,

Ouvir a orquestra do tempo,

Tocando as mais belas notas,

Naquelas tardes que passávamos

Ao vento,

Em paz,

No jardim das dormideiras.

E eu só queria que ela tivesse me ouvido.

A vida é um sopro, eu dizia,

Passa rápido demais, aproveite,

Não se apegue aos problemas,

Vamos ser felizes!

Eu via que ela tentava,

Mas teve uma criação que a ensinou que a vida

É o tempo que temos para resolver problemas...

Lamento tanto não ter conseguido fazê-la ver...

Mas naqueles dias, quando estávamos lá

Ela sorria, ela tentava,

Seus olhos brilhavam com a alegria do nosso menino.

O jardim das dormideiras, como chamávamos, era um lindo campo,

Um gramado, bem verde,

Com vários coqueiros.

Aos pés deles, haviam dormideiras,

Que brotavam com toda sua simplicidade.

Em um canto havia um banquinho daqueles de praça, que sempre estava vazio.

E lá soltávamos nosso filhote

Que corria como um cabrito,

Sorrindo, pulando...

Por momentos parava embaixo de um coqueiro,

Acariciava as dormideiras para vê-las se fechar.

E nós ficávamos ali, em volta dele.

Enquanto ele se fascinava com as dormideiras se fechando,

Eu ensinava a ele um versinho que minha mãe cantava pra mim quando criança,

Quando eu também brincava com dormideiras:

"Dorme, dorme, dormideira

Pra acordar na sexta feira"

E ali ficávamos toda a tarde,

Vivendo a plenitude daqueles momentos.

Que regozijo!

Eu estive lá, essa foi a minha história.

Simples, mas linda,

Como muitas outras, lindas e anônimas, por aí.

Por isso digo hoje: não sintam pena de mim.

Pois, embora tenha pouco tempo,

Descobri um grande segredo:

Aprendi a dobrar o espaço-tempo.

Todos os dias, após suprir as necessidades do meu corpo,

Sento-me em minha poltrona,

Fecho os olhos,

E lá estou eu, novamente,

No jardim das dormideiras,

Sentado naquele banquinho,

Observando aquele eu mais jovem,

E todos aqueles preciosos momentos.

Meu filhote eufórico, correndo atrás das borboletas,

Os olhos da minha amada a brilhar novamente...

Por isso aquele banco sempre esteve vazio,

Ele me esperava,

E lá estou,

Agora entendi,

Sim,

Entendi que o tempo não existe para quem quer se lembrar.

Entendi que o amor pode ressuscitar os mortos,

Com um pensamento,

Que ele pode reerguer um passado inteiro na mente,

Fazê-lo presente

E reanimar a alma de um velho que só quer voltar lá.

Alto-astral

Vem chegando,
Como se fosse o sol iluminando a madrugada.
Contagia,
Dissolve toda sombra na luz que irradia.

É bem-vinda
Essa alegria enorme, essa presença linda.
Seu sorriso
Acalma feras, para guerras, cala guizos.

Assim chega e, depois que sai,
Deixa a marca de quem fez o bem
E a saudade boa de quem vai:
Alegria muito mais além.

Faz o coração bater melhor,
Num compasso bem mais fraternal,
É a marca de um amor maior
Revelado nesse alto-astral.

Primeiros passos

Precisamos que a palavra pese

Para trazer leveza,

Assim como a água rasga a pedra

E cria sua correnteza.

Seguimos todos ao mesmo mar,

Ouvimos o mesmo vento cantar,

Mas quantos são limos agarrados às pedras?

Quantos são sombras entranhadas na relva?

Que aprendamos a ser leves,

Fluidos como a água

Que aceita a tortuosidade,

Sofre seus impactos e,

Pacientemente,

Cava seu sulco de retidão.

Que o homem conheça o poder do "não"

Para aprender a encontrar o "sim".

Que a fome seja predecessora da fartura

E a sede se aplaque de sabor e saber.

A sombra de hoje será dissipada

 No amanhecer

E o frio da noite trará o orvalho,

Que beijará a luz do sol

E abrirá todas as flores da primavera da vida.

Anjo Miguel

É possível amar um amor maior que a si,
Onde a própria vida seja secundária
Ante todo um futuro a florir,
Que requer sua proteção prioritária?

É possível e é bem simples, natural.
É tão fácil quanto respirar, é sim.
É o maior amor, eu nunca vi igual.
É o pedaço mais bonito que há em mim.

Eu que, em tantas coisas, sou imperfeito,
Eu, que tanto tropecei fora do trilho,
Agradeço a minha vida desse jeito.

Quando vi seu rosto, enchi-me de brilho,
Morreu o ego e, como pai, eu fui refeito
No semblante iluminado do meu filho.

Terceto kríshnico

A oitava face de Vishnu na Terra

Desceu pelo bem da humanidade,

Foi guia de Arjuna em sua interior guerra.

Seu nome revela a Suprema Verdade

Borboleta na gaiola

Voava num campo de flores

Beijando uma aqui, outra ali,

Sentindo o vento nas asas.

O sol me banhava de dia,

A noite me protegia,

E as árvores me acolhiam.

Um dia caí numa rede,

De alguém que andava na mata

E quis me fazer cativa.

Mas que ideia mais rasa,
Borboleta na gaiola?!
Nem de cantar sou capaz,
O que eu teria demais?

Então fui dada de presente
A uma linda namorada,
Fui colocada na sala
Como obra de arte animada.

Todo dia ela me olhava,
Dizia palavras bonitas,
Acariciava a gaiola
E sorria com alegria.

Mas como tudo que é livre
No corpo, na alma, na essência,
Murchei em meu cativeiro
E fui perdendo a beleza.

Minhas asas foram apagando,
Meu corpo perdendo a força
E eu perdendo a vontade

De ser uma borboleta.

A linda jovem, percebendo,

Ficou muito triste e perdida,

Sem saber o que fazer,

Confessou-me uma manhã:

"Ó, linda borboleta,

Eras muito mais linda

Quando estavas em meu jardim,

Agora, em tudo, estás míngua.

Como posso te ajudar

A reaver aquela glória

Em que voavas, majestosa,

Naqueles tons furta-cores?"

E eu, quase apagada,

Murmurei quebrantada

Por entre as barras das grades

Que drenavam minha existência:

"A beleza não pode ser presa,

Porque tudo é efêmero,

E o que nasceu para ser livre

Não pode ficar pequeno

Sou borboleta, minha essência

É voar entre as flores e os campos,

O mundo inteiro é minha casa,

Não posso se aprisionada"

Ela tomou a gaiola,

Correu para o jardim,

Abriu a porta e lançou-me.

Caí fraca, na grama,

De fraqueza adormeci.

Acordei num sonho lindo,

Com tudo se colorindo:

Diante de um infinito campo

Com todos os tipos de flores

De cores que eu nunca vira,

Entre outras borboletas.

E o vento me recebeu

Com rajadas de bondade.

O sol me beijou novamente

Em sua grandiosidade.

Lá eu voei e voo

Brandindo as minhas belas asas

Levando comigo o estandarte

Da pureza e liberdade

Que é a real natureza

De quem nasceu borboleta.

Sakyamunis

Vislumbrei o futuro e plantei um sonho.

Desse sonho nasceu um ideal,

Onde toda a humanidade,

Como uma irmandade,

Esqueceu o que era o mal

E, tirando os olhos dos próprios umbigos,

Praticou o amor, fez muitos amigos,

Repartiu o pão de cada dia,

Distribuiu a palavra de benfeitoria

E abriu os braços numa alforria,

Pra bater as asas e sentir o vento

Flutuando leve, de contentamento.

E a paz do outro fez a alegria,

Fez cair o véu que ilude e engana,

Ante a plenitude do raiar dos céus,

Que queimou a carne, elevou a alma,

Na imobilidade desta mansidão

Que nos trouxe imersos em nosso nirvana.

Saudade

Nos mares da saudade

Derivo em nostalgias,

Ao sabor das marés do meu amor,

Ao vento de lembranças de outros dias.

Em todo bem que me fazes,

Os males dessa distância

 Arrancam minhas raízes:

Então retorno à infância

De algo que já se foi.

Como em um ciclo reverso,

Ressurge da estrada do tempo,

Renasce na forma de versos,

Revoa em mim como um vento.

E eu a recebo inteiro:

Na alma, nos ossos, na carne, no couro,

Como as flores de um findo canteiro,

Cravadas entre meu riso e meu choro.

Limpidez

Nasce o dia.

Brilha o sol em sua infinitude.

Toca tudo que o horizonte olha.

Aquece, ilumina e faz o parto de uma nova esperança.

Assim é a vida em uma existência:

Um dia iluminado,

Um pulmão a encher de ar,

Antes daquele choro de alegria

De quem recebe outra oportunidade.

A vida inteira é um inspirar da alma,

Que traga o ar puro do amanhecer,

Entre os ciclos de vai e vem, de sol e lua.

Cada momento tem sua dor e sua beleza,

Mas é nas manhãs que a alma se renova.

E tudo que o sol nos toca,

Nos enche de vida,

Limpa,

Purifica,

Dissolve,

É paz

E nos faz juntar os cacos para querer sempre mais.

Terceto do elogio

Um holofote sob o brio desnudo,

Que quase acorda a arrogância e a maldade

De um orgulho vil e vagabundo

Que, constrangido, afogo em humildade.

De portas abertas

Havia uma senhora,

Muito velhinha,

Que morava em uma casa,

No meio de uma roça

Pela qual passavam muitos viajantes.

E sua casa sempre estava aberta

Na sua varanda, havia uma mesinha

Com dois lugares,

Onde toda tarde

Ela punha dois copos de café

E dois pedaços de aipim cozido.

Essa era exatamente a hora

Em que os viajantes passavam.

Ali paravam, bebiam o café,

Comiam o aipim,

E se deitavam em umas esteiras que ela deixava na sala.

Muitos se levantavam

Sem nada falar e se iam embora,

Outros agradeciam

E ouviam a doce voz lá do seu quarto,

Sentadinha na cadeira de balanço

A dizer:

"Não tem de quê, meu filho".

Um dia, um homem de bem ali parou,

Fez seu lanche,

Tirou seu cochilo,

Mas, antes de se ir embora,

Pediu um dedo de prosa.

A senhora levantou-se lentamente,

Andou até ele e lhe disse:

"Pois não, moço."

O homem falou:

"Senhora,

Passo aqui todos os dias,

Sempre observo que a senhora prepara esse lanche,

Tantos viajantes passam por aqui,

Muitos deles eu conheço:

São homens maus,

Mal-agradecidos,

Ficam se gabando pelos bares

De se aproveitarem da sua bondade.

A senhora não devia lhes dar de comer."

A senhora deu um sorriso desdentado,

Com uma humildade que iluminou os olhos do viajante e respondeu:

"Mas todos estavam com as barrigas bem cheias, não estavam"?

O homem ainda tentou pegar uma moeda no bolso para lhe pagar a refeição, mas ela pôs a mão sobre a dele, impedindo o movimento e disse:

"Seja sempre bem-vindo, meu filho, e que Deus nos abençoe".

Entendendo o verdadeiro preço daquela refeição,

O viajor pós seu chapéu na cabeça

E, tocando a aba, fez um gesto de cumprimento.

Antes de passar pela porta, olhou para trás e falou:

"Seu preço é o mais barato para nós e o mais valioso que alguém pode receber

E seu devedor é o mais justo,

E o mais correto.

Certamente pagará com todos os juros e muito gosto".

Vida

No escuro do amor é plantada a semente.

No escuro e calor surge o broto da vida

E lá jaz, embotado, inicialmente,

Aflora lentamente em energia contida.

Uma joia preciosa do toque divino,

Uma obra perfeita em sua natureza.

É o início da estrada de um enorme destino

É um atino perfeito de enorme beleza.

Uma gota de gente em calma infinita,

Que se forma conforme algum alto plano

E se faz existir já como ser humano:

A presença da luz mais brilhante e bonita.

Me proteja, ele grita com sua existência,

Me olha com carinho, ternura, afeto,

Porque sou seu legado, sou a sua essência,

Porque já sou pessoa, embora, um feto.

Alento

Me diga, irmão, o que pretende fazer

Quando acordar?

Plantar umas flores, vê-las florescer,

Ver o sol brilhar?

A vida não pode ser cinza, irmão.

Deve colorir.

Sorrir, se encantar, se encontrar e amar,

Vem comemorar.

Tem dias, sabemos, que tudo vai mal,

Tem noites de sombras, vento e temporal,

Tem gente que pisa o jardim a nascer,

Mas vem renascer.

Vamos despertar, vem ser feliz,

Porque a vida é curta e por um triz,

Vamos ver a luz a se espalhar

Pelo mundo e, alegre, gargalhar.

Amigo, não pense que tudo é em vão,

Ou que irá ruir,

Pra toda tristeza tem uma solução

Que está por vir.

Um dia, quem planta vai ter de colher:

Plante frutos bons.

Escolha os olhares, palavras e até

Mesmo o vosso tom.

Não pense que o sonho irá se acabar,

Num silêncio escuro que vai te apagar,

Há planos maiores além dessa canção,

Vem me dar a mão.

Vamos despertar, vem ser feliz,

Porque a vida é curta e por um triz,

Vamos ver a luz a se espalhar

Pelo mundo e, alegre, gargalhar.

Jesus

Um dia Jesus voltou

Na carne de um mendigo.

Perambulou apagado entre os homens,

Estendeu a mão pedindo uns trocados,

Andou para lá e para cá, aos pedaços,

Pregou as palavras mais lindas a esmo,

Operou milagres que ninguém notou,

Juntou seus trapos com toda a sua luz

Deitada à sombra dos homens com pressa,

Passou por alguém que falava na praça,

Lhe deu uma benção, ganhou cachação

E ouviu: "Não atrapalhe minha pregação".

Jesus viu aquilo que o mundo virou,

Após tantos séculos do seu sacrifício,

Entre ruas, carros, lojas, edifícios,

E pediu ao Pai que os perdoasse de novo.

Retornou aos céus numa estrela tão linda

Que não pôde ser vista pelos olhos fechados

E não houve um só dedo que a houvesse apontado.

Última palavra

Aquele olhar brilhante que eu não me importava:
A porta da alegria aberta dos seus olhos
Ali, trazendo luz à sala dos momentos
Já tão quotidianos que eu nem notava...

A voz que tantas vezes no ar ecoava,
E sua silhueta que me refletia:
Presença apagada pelo dia-a-dia,
Ainda, sem notar, muito me iluminava.

É duro perceber que tudo que se tinha:
Valor inestimável, insubstituível,
Só pôde ser vivido após a perda incrível:
As aves mais bonitas seguem em revoada.

E quando vi, se foi em um adeus terrível,
E tudo que sobrou foi toda essa lembrança
De coisas pequeninas para quem convive,
Mas, na ausência, são colossos da saudade.

Você se foi e tudo de você me invade,

Enche-me de tristezas e desesperança,

Pois em cada memória nossa, em cada ponto,

Aumenta a ansiedade de um reencontro.

E penso que entre nós nunca houve despedida,

Então lanço meu coração-balão no ar

Para que, onde estiver, eu possa te encontrar

E possa agradecer-te por preencher minha vida.

Alforria

Era a última hora da noite

Quando as portas dos olhos já se fechavam

E aquela amargura enraizada,

Seca, coberta de mofo,

Estava pronta para saber.

Os olhos lacrimejavam

Pois tudo rebobinava:

Anos e anos passados,

Cenas de um filme mudo.

Palavras espinhosas e duras

Que desceram como machado

Na cabeça de pessoas boas,

Rompantes desnecessários

Estupraram toda justiça.

O abismo onde tantos bons-dias

Se precipitaram sem resposta,

Um homem de quem poucos gostaram,

Incapaz de qualquer empatia,

Realmente um pária,

Colecionador de maldades,

Naquela hora derradeira

Derretia-se em milissegundos.

A boca já fria e roxa,

Que mal se via movimento,

Sussurrou em tom quase inaudível,

Em forma de nanopalavra:

"Perdão..."

E o teto do quarto se abriu

Com a força das sílabas mágicas

Que reverberaram no universo,

O inundando como um grito.

Um céu enfeitado de flores,

Em tons violeta-pastel,

Com lindas luzes estreladas,

Sugaram o homem, já leve,

Para dentro do azul encantado.

E, do horizonte infinito,

Ecoou a resposta mais linda,

Serena e repleta de paz:

"Venha e não peques mais."

A chuva

Tudo começou com um imbróglio político,

Uma indigestão sobre algo dito

De líder para líder,

No prelúdio do conflito.

Todos faziam chacota,

Não se via algo crítico.

Mas a corda foi esticando,

Apertando alguns pescoços,

A economia adoeceu,

Pouco a pouco piorando.

A fome chegou mansamente,

Não obstante o enorme esforço

Para conter o colapso,

Para acalmar tantas mentes.

O discurso endurecia

Como cimento ao sol

E todos os responsáveis culpavam uns aos outros.

Mas, no fim do dia,

Retiravam as forcas dos ternos

E deitavam no berço esplêndido

Das suas camas macias.

O clima entre o povo era um misto

De festa, fome e apreensão.

Entre as duras horas da pobreza

E a tolice do orgulho vão,

Os dois lados batiam no peito,

Arrotando as vazias certezas.

Eu só queria seguir em frente, cansado de tantas mentiras...

Após anos de esperança

Em um governo e um mundo melhor,

A vida era a mesma,

Agora em tensão constante

De iminente e retumbante hecatombe.

Eu que já fora abastado,

Nada de grandes luxos,

Me encontrava em um estado

Deprimente, degradado.

O que tinha fora corroído,

Pulverizado

Pela inflação e os impostos

Bancavam a festa toda,

A bagunça organizada por mentes depravadas,

Que aumentavam a tensão

Para forçar a alta do dólar

Em seus paraísos fiscais.

Um dia fora casado,

Mas separei da mulher:

Coisas da vida adulta.

Ela se casou de novo

Com um gringo e pulou fora.

Levou com ela meu filho

E nada pude fazer...

Fiquei com a casa e as lembranças,

Que me açoitavam dia e noite,

Mas também me encorajavam

A torcer pelo embate,

Um doa a quem doer,

Pois mais nada tinha a perder.

A mídia inteira noticiava

Que algo se aproximava:

Mais um acordo roía ,

Outra negociação natimorta,

Outro sonho de paz abortado.

E em meio ao caos controlado,

De estouro de gado em celeiro

Se batendo contra as paredes,

Começou-se a noticiar

A convocação de emergência

De cidadãos patriotas

Para engordar as forças militares.

Patriotas compulsórios,

Combatentes provisórios,

Guerreiros de ocasião,

Com uma única vida para dar

Por uma nação de geleia.

Dormia eu numa tarde,

Quando me bateram à porta.

Era o carteiro, suado,

Com suas roupas esfarrapadas

E uma bicicleta faminta,

Com cara de quem não come,

Mas já não repara a fome

E me disse que tinha um envelope

Que eu tinha que assinar.

Peguei e bati-lhe a porta

Bem nas fuças, de nervoso,

Tremia até as pontas dos dedos,

Pois já sabia o que vinha.

Envelope com brasão:

Ministério do Exército.

Dentro estava uma carta

Que dizia:

Olá, voluntário da Pátria,

Você foi convocado, para estar

No batalhão com endereço abaixo.

E embaixo havia a sentença,

O local da execução

Com data e hora marcada

Para integrar o Pelotão,

Receber uma ou outra instrução

E cair como bomba de festim

Num campo de morte qualquer,

Como carne jogada ao leão

Antes que o caçador o abata

Com um tiro de precisão.

E assim foi o dia mais duro

Que tive na vida inteira.

Eu, já derrotado por dentro,

Precisando vencer a mim mesmo,

Agora teria metade

De um outro mundo a vencer.

Deram-me um rifle nas mãos,

Jogaram-me em um pelotão,

Disseram-me: "força e coragem!"

E me enfiaram num voo,

Onde cada passageiro

Sentia o peso e a desgraça

De estar em um navio negreiro

Rumando a um destino terrível,

Uma luta sem razão.

Desci num campo militar,

Num lugar que nem sei precisar,

Mas lembro que lá sempre havia

Um rádio ao fundo

Me atualizando

Com notícias de acordos falhos,

Falando de mísseis posicionados,

De tropas inimigas ao meu lado:

Um clima enlouquecedor.

Ali eu, perdido naquela

Insânia que pesava o ar,

Misturada à fumaça dos tanques

E ao cheiro de suor com urina

Das latrinas coletivas,

Da belicosa favela,

Já me desumanizava

Pronto para matar,

Ou morrer a qualquer hora.

E, quanto mais se espera,

Muito mais vem a demora.

Foram dias cinzas, de monotonias agudas,

Ouvindo aquela voz chiada

Do rádio do campo de guerra

Trazendo iminências, latências,

A espada por sobre as cabeças

Presa por fio de nylon.

Difícil se acostumar,

Mas o ser humano é fantástico

E se adapta a tudo.

Comecei a não ligar,

Comecei a ficar mudo,

Não sentir mais nada,

Entrar em stand by

Ante aquele vai-não-vai.

Um dia, porém, a sirene,

Gritou no campo, desesperada,

Como quem leva facada

E demora a morrer.

Aquele grito rasgou a monotonia

E deixou o rádio mudo.

Um corre-corre enorme!

O sargento adentrou o barracão

E me tirou de um sonho qualquer,

 Puxando a coberta nervosa.

Anunciava que era chegada

A hora "H" do dia "D".

Nos fez pular da cama,

E engolir o fardamento com o corpo.

Todos fomos para os caminhões,

Era curioso,

De repente os peitos pulavam

Adrenalina total

Cada homem com seu desespero
E inferno pessoal.

Uns viam fotos de filhos,
Outros agarravam pingentes,
Alguns choravam bastante:
Todos derrotados.

A guerra explodiu finalmente
Pra fora das mentes de todos.
Notícias da capital:
Mísseis lançados por lá,
Civis mortos, dor, tristeza,
Escalavam e desnudavam
A humana natureza.

Meu nome agora era desespero.
Com o coração estrangulado,
De repente, pensei no meu filho
Onde estaria?
Mais uma criança chorando
No auge daquela agonia
De um mundo dividido,

Se odiando há décadas,

Corroídos até os ossos.

Onde estaria meu menino

De quem eu não pude ser pai?

Havia anos que eu não pensava nisso,

De tanto sofrer essa ausência

Endurecia meu coração

Para esse compromisso.

Meu possível derradeiro momento

Trouxe-me essa reflexão,

Onde estaria meu filh...

Um estrondo sacudiu meu mundo

E me fez emergir como um raio,

E mais um, mais outro, mais outro,

Seguidos de fumaça e pavor:

Era um ataque direto ao comboio.

Nós descemos de rifle empunhado

E corremos buscando abrigo

Entre árvores, pedras, destroços...

Conforme a fumaça dispersava,

O horizonte se abria e anunciava

Um mar de infantaria inimiga,

Como um tapete de formigas.

De pronto nos recompusemos,

E buscamos formar uma linha,

Sob gritos ao nosso moral,

Nos fazendo odiar o rival

E querer dizimar o outro lado

Que não víamos como humanos

Nessa hora de risco fatal.

Eu já ia dar primeiro tiro,

Quando um estrondo e uma bola de fogo

Explodiu naquele formigueiro

Evaporando aquele mar inteiro:

Era um míssil do nosso governo

Que atingiu o inimigo em cheio

E partiu suas colunas ao meio.

Aquela altura olhei para o céu

E vi lá no fundo do horizonte

Uma nuvem pequena bem branca.

Em meio à fumaça preta
Que subia dos corpos cremados
Impunha seu branco total.

Então tiros zuniram no ar
Vindos do lado de lá
E eu, querendo manter a vida
Que há tempos queria perder,
Respondi imediatamente,
Rajada por rajada,
Bala por bala,
Numa catarse de ódio
Que aliviou toda aquela tensão
Que os anos pré-guerra me impunha.

Mal via a direção,
Abrigado atrás de uma árvore,
Ia e vinha, como quem sabe o que faz,
Atirando e me escondendo conforme os tiros dos inimigos que restaram.

Até que, num som seco e instantâneo,

Uma bala rasgou a madeira do tronco e transpassou minha
coxa,

Num daqueles momentos que mudam tudo.

Entre um e outro segundo,

Sabemos que dali pra frente nada será igual.

Minha carne explodiu sem dor,

Ainda tentei me apoiar

Mas estava mole e desabei.

Os tiros não paravam e eu ali,

De barriga para o alto, no chão,

Entregue a realidade

De quem coloca o ponto final

No livro da própria história.

Fiquei ali olhando para cima,

O mundo parecia mais lento.

Então notei de novo aquela nuvem,

De tão branca que era no alto.

Parecia aumentar, mais e mais,

Como um tapete gigante se desenrolando

E se autoproclamando

A rainha de todo horizonte.

Foi engolindo todo o céu,

Uma tempestade enorme se armando,

Mas em vez de acinzentar tudo,

Embranquecia o que a vista alcançava,

Num alvor difícil, que doía os olhos.

Então vieram trovões tão altos que o mundo se emudeceu.

Nessa hora virei a cabeça para ver o que havia a minha volta

E todos olhavam para cima,

Ninguém mais dava um tiro sequer:

Parecia que tudo se acabaria em um apocalipse branco.

Mesmo fraco, me esvaindo em sangue,

Fiquei lá hipnotizado

Por aquele brancor gigantesco.

Até que, de uma só vez,

O céu desabou em torrente

Em cima de todos nós.

Um banho de ensopar a alma,
Mas com um líquido diferente:

Era uma água leitosa,
Como em mistura de cal,
Cobrindo tudo sobre a terra,
De sabor adocicado,
Leve, sutil,
Que batia na terra e emanava um vapor,
Com odor maravilhoso,
De um perfume divino,
Inexplicável,
Inebriante...

Fez o solo ficar verde,
Trouxe-me uma paz infinita,
Um êxtase, um alívio,
Uma vontade de amar
Que não cabia em mim.

Então levantei,
Com minhas pernas,
Tudo estava inteiro,

O sangue estava lavado, tudo limpo,

Nenhuma sequela, nenhuma dor.

Olhei a minha volta ,

Todos os homens haviam largado suas armas,

Muitos estavam de joelhos,

Outros se abraçavam,

Corriam para pedir perdão ao inimigo

E falavam línguas estranhas,

Mas que eu entendia cada palavra.

Caminhei sob aquela chuva

Por horas e horas,

Voltando a pé ao acampamento.

Por todo caminho, a todo momento,

Soldados confraternizavam:

Fardas opostas, sorrisos gêmeos,

Lágrimas de alegria.

Quando cheguei ao acampamento,

Enquanto adentrava o portão,

Uma grande festa explodia

E o rádio, que outrora vomitou medo,

Agora anunciava a paz mundial,

Trazida pela chuva branca.

Em algum ponto do planeta,

Meu filho se lembrou de mim

Com a ternura de quem se recorda

De cada gota do amor que lhe dei,

Do amor que agora eu sentia.

O sopro

Um dia abri a janela

E o vento soprou pela fresta.

Passeou por meus cabelos negros,

Beijou minha pele lisa

E entrou pela sala de estar.

Brincou pelos corredores,

Levantou umas folhas de livro,

Arrastou uma fita na estante,

Tocou uns farelos na mesa,

Subiu a poeira do chão

E rodopiou no colchão.

Lambeu as canelas de todos,

Voltou em minha direção,

Pediu permissão pra sair

E pela janela se foi.

E eu montei, cavalguei nele,

Como se o esperasse voltar,

Agora, de cabelos brancos

E rugas por todo lugar.

Estampei um enorme sorriso,

Virei aos que estavam em prantos

E dei o meu último adeus.

Vetor 45

É preciso que o vento traga

Esse clima leve de plumas e neve,

Para que tudo valha,

Para curar a falha,

Num forte lampejo, numa claridão.

E como se tudo fosse

Como frutas doces,

Se abre um sorriso no fundo da alma,

Com a mansidão das feras domadas,

Tomadas de paz e olhar de calma.

A minha mente sente,

Escorrega pra cima,

Esse é o clima

De céu sem limite

Sem medo, sem dor,

Sem nada que irrite.

Se tudo deu certo é o que quero por perto,

Se ainda não deu, então me prometeu

E assim, desse jeito, meio louco,

Onde nenhuma reflexão é fosca,

Lanço mantras de boa ventura:

Na mosca!

Muito bom é pouco:

Eis o código da fartura!

Viver

Muito embora eu ame o cantar dos pássaros,

Preciso ouvir outras melodias

Outros sons:

Dos motores, das buzinas

Ao tilintar dos cristais e gotas na bacia.

Não se faz música só de alegria,

Não se vive apenas no raiar do dia.

Se vier a noite que venha,

Se for a lágrima que me contagia,

Que seja essa doença a cura da letargia.

Amo estar entre as flores e o vento,

Mas sem o deserto e o calor, o que de mim seria?

Assim como viver sem sonhar é morte em vida,

Sonhar sem viver é matar a fome no aroma

Enquanto todos se servem à mesa farta,

Se imaginar banquetear-se,

Enquanto dá lugar a que outro coma.

Que minha alma se nutra de todos os passos:

Desejosa de que o jugo seja leve,

Mas grata pelo fardo do cansaço.

Kama, Artha e Dharma

Em um tempo que já se foi,

Esquecido pela história,

Um monge hindu procurava

Encontrar a sua glória

Meditando em um verde campo

Entre a mansidão de seus bois.

Seu nome era Ravi,

Queria os segredos do mundo,

Então, com os olhos fechados,

Entrou em um sono profundo

E migrou sua consciência

Pra outro tipo de esfera,

Outra forma de essência,

Onde o tempo de um segundo

Era mais que uma existência.

Viu-se numa floresta

Densa e bem fechada,

Com enormes jaqueiras

E outras plantas tropicais

Típicas de sua terra,

Mas com tamanha imponência

Que era de se afirmar

Que não eram do seu mundo.

No chão, folhagens rasteiras

E raízes entrecruzadas

O obrigavam a atentar,

Calculando cada pisada

Para não tropeçar.

Sem nenhuma ferramenta

(Facão, foice ou cajado),
Abria o mato com as mãos,
Em busca de um propósito
De ter sido ali lançado
Em meio à meditação.

Vagou por horas e horas,
Sem rumo, perdido, a esmo,
Ate que chegou a noite
E, sem abrigo algum,
Deitou-se entre as folhas mesmo
E dormiu um sono morto
De quem não podia sonhar.

No outro dia, a fome
Veio lhe visitar.
Andou mais passos que os números
Que ele podia contar.
Não achou nada que andasse
Nem que as plantas dessem
Que pudesse por na boca
E aliviar a vontade.

Muito embora houvesse de tudo

Que uma floresta dá,

Nenhuma árvore tinha fruto,

Nenhum animal no caminho,

Apenas mato, tronco, folha,

Algumas pedras e espinhos.

Assim passou mais um dia

Num suplício famélico,

Com um vácuo na barriga

E um desejo incontrolável

De comer e de beber.

Na manhã do terceiro dia,

Olhou para cima, bem cedo,

E viu umas gotas descendo

Entre os galhos do arvoredo.

Então veio muita água,

Lavando tudo que havia,

Matando toda sua sede,

Trazendo meia alegria

Tentou afogar sua fome,

De boca aberta, pra cima,

Pulou de alegria na lama,

Num momento em que olhava

O sofrimento de outro prisma.

Mas aquela água não veio

Para servir sua vontade,

Veio para se deitar

No chão que ele pisava

E encher cada pedaço,

Umedecer cada canto,

Subindo até suas coxas,

Para gelar os seus ossos.

E, o que era uma benção,

Virou uma maldição.

Quando caiu a noite,

Sem o calor do sol

Ou um lugar pra dormir,

Não pode pregar os olhos,

Em pé, encostado em um tronco,

De alma triste e molhada.

Até que, na alta madrugada,

Resolveu abrir a guarda

E deixar o tempo passar,

Porque nada dura pra sempre.

Adormeceu ali mesmo,

De pé, sob uma jaqueira,

E a noite foi rastejando

Até o raiar do dia.

No quarto dia, bem cedo,

O sol já lançava seus dedos

Entre as folhas, entre as copas...

E tudo já estava seco

Quando seus olhos se abriram.

Lentamente despertava,

Sentado junto às raízes,

E ainda de vista embaçada

Viu parado, a sua frente,

Um macaco sentado.

Ao clarear a visão,

O macaco, antes parado,

Abriu a boca e entre os dentes,

Balançou a sua língua

E começou a falar

Tão perfeito quanto gente.

"Há tanto tempo medita,

Que aprendeu a achar o caminho

Da porta estreita que leva

À sua libertação.

Mas isso não vem de graça,

A prova que se impõe

É longa e muito árdua.

Para prosperar em tal intento,

Brahma lançou-te a chance

De no fim do seu sétimo dia

Chegar no que tem buscado,

Mas será preciso prova

De que podes ser dobrado

Que não se quebrará".

Dito isso, subiu numa árvore

Fez um gesto com a mão, o chamando,

Como se fosse guiá-lo

E tomou uma direção.

E num grito que ecoou

Até os confins do universo

Veio o brado do macaco

"Haruman dará comando!"

Ravi sentiu o poder

E ganhou confiança,

Pôs força nas pernas e pé

E começou sua andança,

Sem perder de vista o Deus

Que lhe enchia de esperança.

Então embrenhou-se na mata,

Olhando a copa das árvores,

Seguindo o macaco ligeiro

Que ia de galho em galho,

Por vezes sumia nas folhas,

E logo depois ressurgia.

Seus pés não sentiam mais galhos,

Nem folhas, nem pedras, nem espinhos.

Seu foco era todo no rastro

Que deixava Haruman.

Por horas e horas a fio

De cada segundo infinito,

Andou em um ritmo intenso

Até que o ar lhe ofertou

Um aroma gostoso de incenso.

Foi quando o macaco parou

E lhe apontou uma fresta,

Entre toda a densa folhagem.

Dali vinha uma luz solar

Num raio que aqueceu sua alma

E o monge parou, como para,

Quem olha um baú de tesouro.

E, quando foi dar mais um passo,

Rumando ao caminho traçado,

Um dos galhos à sua frente

Ganhou vida, se erguendo
Na figura de uma naja
Que lhe deu um grande bote
Inoculando veneno.

Em seguida abriu a boca
Numa num bocejo viperino
E falou cheia de esses
Pela sua bífida língua:
"Por aqui não passará!
Está é a morada dos deuses
E a provação à frente
Não é para qualquer um".

O monge caiu prostrado,
Segurando o antebraço
Que já estava bem inchado
Pela força da peçonha.
Quando a cobra, que era enorme,
Veio para devorá-lo,
Juntou as últimas forças
E lhe retribuiu o bote,
Mordendo a naja de volta.

A cobra torceu-se em agonia

Gritando: "Socorro, socorro!"

E se esticou como corda,

Se arrastando rumo à passagem

E rebocando Ravi

Até o fim da densa folhagem.

Ele ali, quase sem forças,

Segurava a vida nos dentes,

Cravado naquela serpente.

Dada sua perseverança,

E dor que ele lhe infligia,

A naja tomou, por vontade,

Entre desespero e rendição,

A decisão de mordê-lo,

Mas desta vez pôs seu dente

A sugar o próprio veneno.

E a cada gota drenada,

O monge voltava a vida

E afrouxava os seus dentes,

Aliviando a serpente.

Quando recobrou a mente

E pode abrir a arcada,

A naja puxou seu corpo

E, num gesto submisso,

Se arrastou ao seu pescoço

E lá ficou enrolada,

Transformada em uma corda viva:

Um presente de Shiva.

Ravi, recobrado da luta,

Pôde enfim retomar seu caminho,

E, olhando para o alto,

Já não via Haruman.

A frente, a floresta mais branda,

Árvores mais espaçadas:

Muito menos hostilidade

Que teve nas horas passadas.

E, cansado, deitou-se a uma sombra

E dormiu uma noite esperançosa.

Na manhã do quinto dia,

Encheu o peito de ar

E acordou renovado

Para poder caminhar,

Achando ter encontrado

O propósito do lugar,

Mas ainda estava enganado.

Ergueu-se sobre as canelas,

Numa pose majestosa

E caminhou cada passo

Tomado por novo ânimo,

Sorvendo daquele lugar

Um esplendor tão intenso

Que o fez se sentir magnânimo.

Ainda sofria a fome

Corroendo-lhe a barriga,

Ficava olhando as folhas,

Os troncos, as copas das árvores,

Procurando qualquer coisa

Que sua boca mastigasse.

Andou por horas e horas,

Até que viu bem lá longe,

Dentre os troncos afastados

Uns pontos de brilho, dourados.

Quanto mais se aproximava,

Mais aquilo brilhava.

 Então, ao chegar mais perto,

Viu algo tão surpreendente,

Que pensou estar sonhando,

Duvidou de estar desperto.

Eram árvores carregadas,

De frutas grandes e douradas:

Nunca vira isso na Terra!

E cheiravam docemente,

Espalhando um perfume no ar.

Ravi, sem pensar duas vezes,

Correu pra se pendurar

E pegar algumas frutas

Para matar sua fome.

Mas aquela árvore linda,

De frutas apetitosas,

Era cheia de espinhos,

Impedindo que subisse.

Ele tentou, pelo ímpeto,

Cortou os calcanhares, as mãos,

Lacerou um pouco as coxas

E depois caiu no chão.

Mas, antes, que pudesse traçar

Algum plano de subida,

Ouviu um estrondo de longe,

Um barulho de galhos partindo,

E de árvores caindo...

Foi quando rasgou o ar

Um colossal bramido.

E veio uma enorme sombra,

Crescendo detrás dos troncos:

Um furioso elefante

Num rompante destemido

Com uma presa enorme,

Outra presa quebrada,

E de orelhas bem abertas.

O monge Ravi, mal pôde,
Levantar-se do seu tombo,
Foi o tempo de correr
Para trás de uma das árvores,
Esperando que o animal
Desistisse do ataque.

Mas o elefante veio
Em grande velocidade
E gritou para o monge:
"Se afaste das minhas frutas!
Você não está preparado,
Para provar desse néctar,
Sem dele querer abusar!"

E foi apenas o tempo
De pular enquanto a fera
Passou como se o tronco
Fosse um pequeno palito.

Tomado da adrenalina

Que o momento exigia,

Ravi rastreou seu redor,

Buscando uma proteção.

Quando viu, dentre as árvores,

Uma enorme jaqueira

Que parecia muito velha

E tinha um tronco bem grosso.

Caçou então esse rumo,

Seguido pela grande fera,

Que logo atrás dava marcha

Trompeteando e bufando

Inúmeras ameaças.

E naquele momento intenso

Veio em sua mente uma ideia:

O monge sem muito pensar,

Tirou o laço do pescoço,

Girou e lançou para trás.

O laço, que era uma cobra,

Mordeu a presa do elefante,

Se agarrando muito firme.

Ravi correu por trás da árvore,
A corda fez a volta inteira,
Enquanto o monge seguia
Desviando do perigo.

Diante do enorme tronco
E bem firme naquela corda,
O elefante parou
E sacudiu-se bastante,
Como fazem as feras
No laço, ainda indomadas.

O monge usou desse tempo
Para escalar a jaqueira
E aguardar com paciência,
Em um galho mais alto,
O animal se acalmar,
Vencido na força do laço.

"Elefante, está mais calmo?"
Disse ele, lá de cima.

"Quando descer eu te mostro!"
Retrucou a fera debaixo.

Passaram-se algumas horas,
Já quase escurecia,
Quando Ravi retomou
A pergunta à criatura:
"Elefante, está mais calmo?
Não quero todas as frutas.
Só quero o suficiente,
Para matar minha fome.
Você que é muito alto,
Poderia me ajudar
A pegar o que eu preciso:
Coloco-me em tuas mãos.
Subo em teu pescoço,
À árvore tu me guias,
Colho só o que me deres
Com o alcance da tua tromba,
Depois, saciado, sem abuso,
Conduz-me, como montaria,
Para bem longe daqui.
Estou muito cansado e, pra ti,

Eu seria não mais que formiga

Parada sobre teu pescoço.

Faria essa caridade?

Não tenho bolsos ou bolsas,

Não pretendo levar

Mais que posso carregar

Dentro da minha barriga."

O elefante olhou pra cima,

Ainda contrariado,

E respondeu já calmamente:

"Deixo subir em meu ombro,

Pode me desamarrar.

Depois escolho as frutas

Que tu irás degustar,

Se ousardes tentar

Pegar mais do que eu te ofereça,

Serás derrubado no chão

E esmagarei tua cabeça."

Então ele desceu.

Quando pôs a mão no laço,

A serpente abriu a boca

E largou do marfim,

Desenrolando do tronco,

E se enroscando de novo,

No pescoço de Ravi.

O elefante inclinou-se

Gentilmente e fez da tromba

Escada para que ele

Pudesse ali subir.

Depois caminhou calmamente

Até uma daquelas árvores,

Escolheu a mais carregada,

De um brilho tão bonito,

Que lembrava o entardecer

Com vários sóis que se punham.

Esticou a sua tromba até o topo,

Pegou uma e lhe ofertou.

Que cheiro maravilhoso!

A boca salivava ao se abrir para a mordida...

Quando os dentes expulsaram o néctar

E o suco tocou sua língua,

O sabor era impossível

De ser descrito nestes versos.

A única coisa que vinha

Em sua mente pequenina,

É que queria muito mais!

Então respirou bem fundo

E, do centro do seu mundo,

Controlou sua vontade

E falou ao elefante:

"Leve-me para outro lado,

Porque já estou saciado."

Agora o animal sorria,

O sorriso de Ganesha.

Ravi, então adormeceu,

Montado naquele gigante,

Sem ver o escuro da noite.

Quando veio o sexto dia,

Estava sozinho, deitado,

Num território gramado,

Como se gentilmente

Tivesse sido ali colocado.

Ao seu lado, um presente,

Que o elefante deixara:

Duas frutas douradas.

Qual seria a serventia?

Ele ainda não sabia,

Mas, de certo, muito em breve,

Assim, como a corda-serpente,

Ele descobriria.

Olhou bem a sua volta.

Estava em uma savana

De mato alto e amarelado

E terreno mais ressequido.

Pensou em sentar-se um pouco,

Mas sentiu que devia ir em frente.

Pegou suas duas frutas,

Resistindo ao desejo na boca

E seguiu uma trilha entre o mato,

Sem saber aonde iria levar.

Caminhou muito,

Perdido, como em um sonho,

Em que buscamos o caminho de casa,

Mas nunca chegamos lá.

Levou uma manhã inteira,

Viu algumas formigas,

Que andavam também pela trilha,

Mas não via nenhum formigueiro...

Era como se elas também

Tivessem deixado suas casas

Em rumo a uma enorme jornada.

Fazia um calor intenso,

Sem qualquer sinal de vento

Para alisar seus cabelos,

Confortando-o por tudo.

Chegou a sentir-se sozinho.

Ficou bem reflexivo

Sobre seu papel no universo.

Quem era ele agora?

Onde estava, para onde ia?

E todas aquelas pessoas,

Que habitam a Terra e as terras,

Que seus olhos jamais tocaram?

Para que foram criados?

Qual seria a sintonia

Criador-criatura

Que conduzia seus passos

E embalava sua figura?

Qual o valor de uma pedra

Que muitos milênios dura

Sem sequer se queixar

Se comparada ao homem

Que cria as mais belas obras,

Mas em qualquer sopro de brisa

Termina por se desmanchar?

Ravi não sabia as respostas,

E, antes que elucubrasse

Algo mais sobre o tema,

Sentiu uma forte pancada,

Seguida de dor extrema.

É que daquele mato,

Surgiu como sombra serena

E ganhou a luz como um raio,

Num salto e num rápido assalto,

Arranhando, mordendo, Rasgando,

Um tigre feroz e violento.

O monge caído de costas,

Pouco pode fazer, enquanto o tigre

Arrancava seu couro das costas

E o devorava.

Depois lhe virou de frente

Mirando em seu pescoço,

Mas mordeu a corda enrolada

E não pode penetrá-la.

Com o impacto do ataque,

As duas frutas douradas

Que ele trazia nas mãos

Rolaram pelo chão.

Uma foi esmagada,

Deixando uma semente

Que, quando banhada em seu sangue,

Brotou imediatamente,

Erguendo-se sobre ele

Em uma árvore enorme.

Ao ver se erguer o pé

Lotado de frutas douradas,

O tigre ficou assustado

E interrompeu o ataque,

Correndo pra dentro do mato,

Como faz qualquer gatinho

Quando vê um novo fato.

Ravi, muito desorientado,

Se arrastou ao pé da árvore

Com as costas em carne viva,

E lá mesmo desmaiou.

Apagou alguns minutos,

Depois acordou dolorido,

Banhando em seu próprio sangue.

Viu que estava ao seu lado,

A outra fruta dourada,

Pegou-a e olhou para ela,

Bastante decepcionado

Por estar naquele estado.

Pensou em dar uma mordida,

Para sentir seu sabor

Antes que fosse levado

Pela morte e pela dor.

Mas não viu nenhum propósito,

Em sentir tanto prazer

Naquele estado moribundo,

Já em um quase não-viver.

Levantou os olhos lentos

Já quase não tinha dor,

E viu que da beira do mato

O tigre ainda lhe fitava,

Já sem nenhum traço

Agressivo ou intimidador.

Parecia mais curioso

Com o que presenciara

E, de lá de traz da moita,

Resolveu quebrar o silêncio

E disse, meio que rugindo:

"Ainda consegue falar?

Que poder é esse que tens?

Teu sangue fez brotar algo

Tão belo e resplendoroso,

Que só pode ser algum Deus

Ou filho de um ser glorioso.

Sou um devorador de carne,

Essa é minha sina,

Por aqui passam muitos homens,

E todos que vem pela estrada

Encontram na minha barriga

Sua final morada."

Ravi juntou as poucas forças

Que tinha e respondeu:

"Agora tudo está claro.

Se queres a minha carne,

Dá-la-ei sem reclamar,

Pois, tudo que um dia fui,

Aqui abdico de ser

E a carne que ainda me veste

Libertará minha alma

Assim que você a comer

Porque esse é o propósito

Que aqui devo cumprir:

Chegar nesse ponto da estrada

E em suas presas sucumbir."

Ouvindo essas palavras,

O Tigre saiu do mato,

Se aproximou lentamente

Para consumar seu ato,

Mas, em vez de devorá-lo,

Passou a lamber suas feridas

E, ao passar cada lambida,

Seu tecido era curado.

Depois de limpar todo sangue,

Regurgitou sua pele

E recolocou em suas costas,

Como um manto protetor.

E disse: "Segue essa trilha.

Em menos de uma hora

Vai encontrar seu destino,

Porque ele é seu agora."

O monge fora renovado.

Levantou-se, olhou o tigre,

Confirmou com a cabeça,

Mostrando entender o recado.

Então seguiu pela trilha,

Realmente, em alguns minutos,

A trilha mudou de cor.

O solo amarelado,

Foi ganhando um tom dourado,

E o mato da savana

Deu lugar a um verde vivo,

De um brilho encantado.

Viu muitas borboletas

E pássaros dando rasantes.

Viu flores de muitas cores,

Pequenos insetos dançando,

Colhendo néctar precioso.

Apertou um pouco os olhos

E pode ver no horizonte

Um pequeno menino brincando,

Sua pele era azulada

E parecia contente

Contemplando tudo aquilo

Que era sua criação.

Era o pequeno Krishna,

Que lhe acenou docemente

E apontou a direção

Para que seguisse em frente.

Seguindo o Menino-Deus,

O caminho o levou

Até uma fenda talhada

No pé de um rochedo impávido,

Que formava um paredão.

Ravi pôs-se a espremer-se,

Passando no espaço apertado

Sem saber o que viria

A aguardá-lo do outro lado.

Quando atravessou,

Ficou deveras espantado

Com aquilo que encontrou:

Lá estava, parado, como estátua,

Com o tamanho de vários homens,

O próprio Brahma e seu poder.

Segurava uma balança

Composta de três pratos

Vazios a se preencher.

O monge caiu de joelhos,

Por estar de frente ao supremo

E pensou no que faria

Para poder solucionar

O enigma ali proposto

Pelo Deus de vários rostos.

Pensou em procurar pedras,

Para botar na balança,

Colher galhos, flores, algo,

Que pudesse equilibrar.

Mas repleto dessas dúvidas,

Resolveu meditar.

Sentou, fechou bem os olhos,

Sentiu a energia no ar,

Tocou o vento e planou,

Por todos os rincões do universo,

Contemplou toda a beleza,

De todos os poemas e versos

Um dia escritos por alguém.

Olhou para dentro de si

E viu que não era ninguém,

Entretanto, era também

O infinito e mais além.

Foi quando em sua mente brotaram,

Lentamente, como um mantra,

Três palavras de ordem:

"Kama, Artha e Dharma".

Voltou então à consciência,

Brahma o fitava fixamente,

Com cada um de todos os seus olhos.

Como se aguardasse resposta.

Levantou-se e caminhou até ele

De forma segura, mansa

E deu seu último passo humano

Ao parar em frente a balança.

Para o primeiro prato disse "Kama"

E colocou ali a corda que estava em seu pescoço.

Para o segundo, disse "Artha"

E pôs a fruta dourada que lhe havia restado.

Para terceiro disse: "Dharma"

E arrancou o couro das próprias costas,

Colocando-o lá.

Os pratos imediatamente se equilibraram.

Brahma, num gesto imponente,

Levantou uma das mãos,

Tocou o topo do céu e se fez noite,

A noite que traria o novo dia do novo ser.

Então, na zero hora

Do sétimo kalpa,

Passados sete aeons,

Trinta ponto vinte e quatro bilhões de anos depois,

Nasceu para a não-vida

E morreu para a não-morte

Aquele que não tem mais ego,

Não tem mais nome,

Integra o tudo que contém o nada,

O Sim e o não numa equação,

Cuja a meta e a jornada

Compõem a sublime canção

Que todo homem, toda mulher,

Todo ser da criação,

Um dia escutará

Sem disso poder abrir mão.

Renato Ribeiro

Maio de 2022